J'observe

Le zoo la nuit

Conçu et réalisé
par Claude Delafosse
et Gallimard Jeunesse,
illustré par Sabine Krawczyk

GALLIMARD MES PREMIÈRES DÉCOUVERTES • J'OBSERVE

Pendant la nuit,
viens faire une visite
extraordinaire
de ce zoo
imaginaire.

Dans ce livre,
tu vas pouvoir
observer les habitants
du zoo comme
si tu y étais vraiment.

C'est grâce à un outil
magique mais tout simple
que tu pourras explorer
les pages de ton livre :
cette petite lampe
en papier plastifié.

À la dernière page de ce livre
tu trouveras ta "lampe".
Fais-la glisser entre la page en plastique
et la page noire pour "éclairer" l'image.

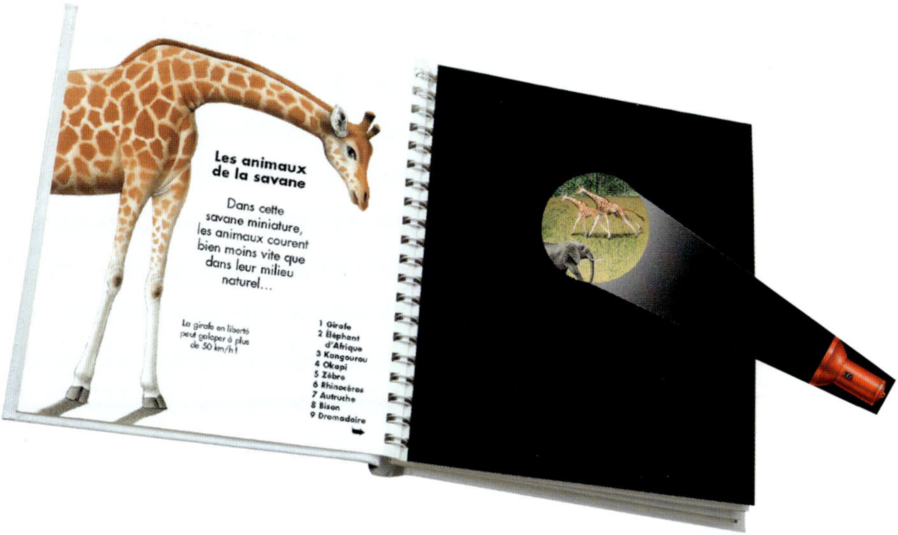

En la déplaçant,
tu découvriras peu à peu
tous les détails cachés de l'image!

Il fait nuit,
ne fais pas de bruit
et viens visiter
le zoo…

Le coin des crocodiles

Au zoo, on s'efforce de reconstituer les conditions de vie naturelles des animaux. Le crocodile a besoin d'une atmosphère chaude et humide.

Si le crocodile et la tortue sont de la famille des reptiles, l'hippopotame, lui, est un mammifère.

1 Tortue géante
2 Crocodile
3 Hippopotame

Le coin des fauves

Au zoo, tu as l'occasion de t'approcher
tout près de ces animaux
très dangereux !

Ne te fie pas
à son allure de peluche,
cette panthère est un redoutable
chasseur.

1 Tigre
2 Panthère noire
3 Puma
4 Léopard
5 Lion
6 Lionceaux
7 Lionne
8 Guépard

Les animaux de la savane

Dans cette savane miniature, les animaux courent bien moins vite que dans leur milieu naturel…

La girafe en liberté peut galoper à plus de 50 km/h !

1 Girafe
2 Éléphant d'Afrique
3 Kangourou
4 Okapi
5 Zèbre
6 Rhinocéros
7 Autruche
8 Bison
9 Dromadaire

La volière

Des oiseaux multicolores du monde entier sont rassemblés dans une immense volière.

Les flamants roses et les canards sont en liberté.

1 Cacatoès 2 Chouette hulotte 3 Perruche 4 Perruches soleil 5 Cephalépis 6 Cynniris soleil 7 Paddas 8 Mainate 9 Pigeon 10 Oréonymphe noble 11 Ara ararauna 12 Ara chloroptère 13 Paradisier 14 Chardonnerets à face rouge 15 Toucan 16 Faisan 17 Grue couronnée 18 Paon 19 Poule faisane 20 Ibis rouge 21 Calao 22 Tisserins 23 Tourterelles 24 Colibri 25 Poéphile admirable 26 Amadine 27 Malure

Le rocher des singes

Les singes sont les plus drôles
et les plus agités du zoo.

Ils font la joie des visiteurs
en faisant des grimaces
et des acrobaties !

1 Mandrill
2 Atèle
3 Lémurien
4 Babouin
5 Patas
6 Chimpanzé
7 Orang-outan
8 Maki catta
9 Atèle
10 Macaque
11 Cercopithèque
12 Babouins
13 Gorille

Le gibbon
effectue des sauts
de près de 12 mètres
d'un arbre à l'autre.

Les ours et les otaries

Pour voir ces animaux
dans leur environnement réel,
il faudrait aller dans des pays froids
ou même jusqu'aux pôles !

1 Otarie
2 Ours polaire
3 Ours brun
4 Loutre
5 Manchots
6 Phoque gris
7 Bébé phoque

Les manchots ont perdu leur capacité à voler :
leurs ailes étroites ne leur servent plus
que de nageoires.

Les vivariums

Les serpents

Les araignées

Dans ces cages de verre, les petits animaux retrouvent leur habitat d'origine.

Les iguanes verts

Les caméléons

Le jour s'est levé.
Les visiteurs arrivent
nombreux dans le zoo.
À leur tour d'admirer
tous les animaux !

Ces détails sont cachés dans les images sombres du livre.

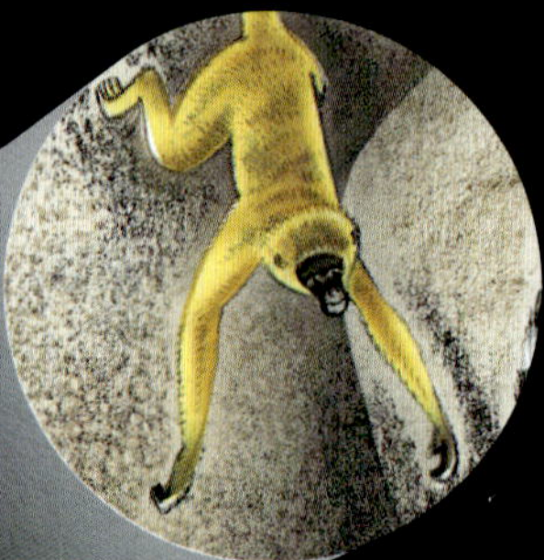

Retrouve-les à l'aide de ta lampe en papier.

Mes premières découvertes

1 La coccinelle
2 Le temps
3 La pomme
4 La carotte
5 L'œuf
6 L'arbre
7 Le chat
8 La couleur
10 Sous la terre
11 La terre et le ciel
12 L'automobile
13 Le chien
15 L'oiseau
16 Le bord de mer
17 Le château fort
18 L'eau
19 La fleur
20 L'ours
22 L'avion
23 La tortue
24 L'éléphant
25 La souris
26 La baleine
27 Le cheval
28 La maison
30 Le dinosaure
31 Le bateau
32 Le bébé
33 La ferme
34 L'heure
36 La rivière
37 L'image
38 La jungle
39 Plus ou Moins
40 Le singe
41 L'abeille
42 La musique
43 La lumière
44 Le cirque
45 L'aigle
47 Le castor
48 La ville
50 La boîte à outils
51 Le palmier
52 Compter
53 Le sport
55 La pyramide
56 La chouette
57 Les portraits
58 Les paysages
59 Le bestiaire
60 Les tableaux
61 Les dessins fous
62 Les voitures
63 Les monstres
64 Les animaux
65 Les poissons
66 Les têtes
67 Atlas des pays
68 Atlas des plantes
69 Atlas des animaux
70 Atlas des peuples
71 La nature
72 Les maisons
73 La symétrie
74 Les grimaces
75 La mode
76 Cochons & cie
77 La grenouille
78 Le poisson
79 Le loup
80 Les formes
81 Les Indiens
82 Le corps
83 Le train
84 Le pingouin
85 Le Louvre
86 La cathédrale
87 Le chantier
88 Le téléphone
89 Le papillon
90 Atlas du ciel
91 Atlas de la terre
92 Atlas des civilisations
93 Atlas des animaux en danger
94 La sculpture
95 Vincent van Gogh
96 Les vents
97 Les percussions
98 Le plus fort
99 Le tour du monde
100 Noël
101 Le champignon
102 La vache
103 Le magasin
104 La préhistoire
105 La vie du corps
106 Robo Lapin
107 Framboises
108 Henri Matisse
109 Pablo Picasso
110 Les cordes
111 Les claviers
112 Le pain
113 Les bestioles
114 Atlas de France
115 Chapeau magique
116 Sorcière et Chat
117 Petit ogre vert
118 Robo Lapin et les pirates
119 Les pompiers
120 Atlas des îles
121 Fernand Léger
122 Le canard
123 Le loup miaou
124 Méchant loup
125 La planète grise
126 Le vélo de Noémie
127 Les voix
128 L'électroacoustique

J'observe :

129 La vie sous la ville
130 Les animaux sous la terre
131 Les animaux dans la nuit
132 Les maisons des insectes
133 Les poissons
134 Les dinosaures

135 Avant la naissance
136 Naître
137 L'impressionnisme
138 Les crèches
139 Le football
140 Oscar peint
141 Le nain de jardin
142 Pingouins pas sages
143 Grandir
144 Le vent
145 L'écureuil
146 Vivre ensemble

J'observe :

147 Le corps humain
148 Les grottes
149 Le tombeau égyptien
150 Le ciel et l'espace
151 Le musée du Louvre
152 L'attaque du château fort

153 Halloween
154 Être grand
155 Paul Gauguin
156 Le lion
157 Internet
158 Les bruits de la vie
159 L'école maternelle
160 Tom petit fantôme
161 Osley petit squelette
162 Vladimir petit vampire
163 Sorcilia petite sorcière

J'observe :

164 Paris
165 Les trésors engloutis
166 Le cinéma
167 Le cirque
168 Les portraits d'Arcimboldo
169 La tournée du Père Noël

170 La montagne
171 Le kangourou
172 L'orchestre
173 Le sucre
174 Le carnaval
175 Le lapin
176 Le désert
177 Le camouflage
178 Le lait
179 L'hôpital

J'observe :

180 Les métiers de la nuit
181 Le zoo la nuit
182 Les spectacles
183 La fête foraine

184 Toupaille petit épouvantail
185 Lou petit loup-garou
186 Le rap

Responsable éditoriale : **Anne de Bouchony**
Conseiller pédagogique : **Philippe J. Dubois**

ISBN : 2-07-054328-5

Dépôt légal : octobre 2000
Numéro d'édition : 95955

Imprimé en Italie par Editoriale Lloyd
Loi n° 49-956 du 16 juillet 1949
sur les publications destinées
à la jeunesse